BEI GRIN MACHT SICH IHR WISSEN BEZAHLT

- Wir veröffentlichen Ihre Hausarbeit,
  Bachelor- und Masterarbeit

- Ihr eigenes eBook und Buch -
  weltweit in allen wichtigen Shops

- Verdienen Sie an jedem Verkauf

Jetzt bei www.GRIN.com hochladen und kostenlos publizieren

Gebhard Deißler

Das Geheimnis der Heimat

Heimat als Nostalgie, Leid und Erlösung

GRIN Verlag

Bibliografische Information der Deutschen Nationalbibliothek:

Die Deutsche Bibliothek verzeichnet diese Publikation in der Deutschen National-
bibliografie; detaillierte bibliografische Daten sind im Internet über http://dnb.d-
nb.de/ abrufbar.

Impressum:

Copyright © 2013 GRIN Verlag GmbH
Druck und Bindung: Books on Demand GmbH, Norderstedt Germany
ISBN: 978-3-656-56591-8

Dieses Buch bei GRIN:

http://www.grin.com/de/e-book/230541/das-geheimnis-der-heimat

Transcultural Management

Gebhard Deißler D.E.A./UNIV. PARIS I

Das Geheimnis der Heimat

Heimat als Nostalgie, Leid und Erlösung

CULTURE   RESEARCH

KULTUR FORSCHUNG

RECHERCHE CULTURE

BÚSQUEDA CULTURAL

RICERCA   CULTURALE

跨文化的智慧精髓

Итранскультурная

Interkulturelles- u. Transkulturelles Management

Intercultural &Transcultural Management (English)

Gestion Interculturelle et Gestion Transculturelle (French)

Gerencia Intercultural y Gerencia Transcultural (Spanish)

Gerência Intercultural e Gerência Transcultural (Portuguese)

跨文化的智慧精髓 - kua wen hua de zhi hui jing sui (Chinese)

транскультурная компетенция - transkulturnaja
kompetencija (Russian)

toransukaruchā　・manējimento (Japanese)
トランスカルチャー　・　マネジメント

Vishua Chaytana (Sanskrit)

Das Geheimnis der Heimat

Heimat als Nostalgie, Leid und Erlösung

Heimweh und Sehnsucht nach Heimat, Familie und der gewohnten menschlichen Umgebung sind den meisten Menschen vertraut, da nicht wenige irgendwann ihre Heimat gegen ihren Willen, kürzer oder länger, entbehren mussten. Doch Heimatschmerz ist ein Höhepunkt dieses Gefühls, mit dem man nur anlässlich gewisser Grenzerfahrungen konfrontiert wird.

Dieser Heimatschmerz kann z. B. eintreten, wenn man sehr lange fern der Heimat war und sich so sehr in fremdkulturelle Umfelder hineinbegeben und hineingelebt hat, dass man im Gegenzug einen Teil seiner geistig-körperlichen Identität preisgegeben oder in unbewusstere Schichten seines Wesen verdrängen musste, um das Fremdkulturelle dafür in den bewussten Vordergrund zu rücken und es aus diversen Gründen zu priorisieren. Dies kann an jedem Ort der Welt, eher im

Ausland, doch gleichermaßen auch im Inland vorkommen, da es sich dabei zunächst um geistig-kulturelle Prozesse mit psychosomatischen Konsequenzen handelt. Und es sind Eingriffe in den Körper, die mit den tieferen, unbewussten Schichten in Verbindung stehen, die uns dieses Sachverhaltens bewusst werden lassen. Was man im sozialanthropologischen Sinn als Kultur bezeichnet ist schließlich weitegehend im menschlichen Unterbewusstsein und einiges davon im Alltagsbewusstsein und wenig davon im diskursiven, bewussten Bewusstsein abgespeichert, solange man die kulturelle Konditionierung durch die Heimatkultur nicht bewusst gemacht und sie somit aus dem toten Winkel des Bewusstsein in das Licht des analytischen Bewusstseins gerückt hat, um sie damit bewusst beherrschbarer zur machen, statt von ihr unbewusst beherrscht zu werden. Der hier verwendete Begriff der Heimatkultur steht für das rational systematisierte Heimatbewusstsein, wie es von der interkulturellen Forschung thematisiert wird.

Als ich 19 Jahre alt war lebte ich in Berlin. Ich hatte eine Appendizitis Operation und dieser Eingriff ließ in mir die Entscheidung reifen, ins Ausland zu gehen. Als mich meine Freundin Anke vom Krankenhaus abholte, eröffnete ich ihr, dass ich nach Paris gehen würde. Der Eingriff hat offenbar tiefe Schichten in mir angesprochen, die mich dazu veranlassten, diesen Schritt machen zu wollen. Ein unbewusstes Fernweh hatte von mir Besitz ergriffen, dessen Ursache und Finalität in Bezug auf meinen Lebensweg mir höchstens unbewusst bewusst war.

Ich habe mich über viele Jahre in viele Kulturen so sehr hineinvertieft, insbesondere die französische, die spanische und die britische, sowie auch außereuropäische, dass ich infolgedessen in diversen Kulturen voll und ganz einheimisch wurde. Leider musste ich bisweilen meine deutsche Identität auch verheimlichen oder etwas übertünchen, um kein Affront in gewissen Kontexten hervorzurufen und zum Stein des Anstoßes für ebenso unbewusst steuernde Wahrnehmungsstereotypen seitens einiger fremdkulturellen Zeitgenossen zu werden, die ihre Identität durch negative Bezugnahme auf andere Identitäten und auf deren Kosten kultivieren möchten. Dies hat die physisch-kulturelle Trennung von meiner deutschen Ausgangskultur eventuell bestärkt, da ich auf meine kulturelle Wahrheit bisweilen verzichtete und sie leugnete, indem ich mich nicht klar und deutlich als Deutscher zu erkennen gab und mich nicht als Deutscher selbstdarstellte und inszenierte. Es schien mir unnötige Reibereien zu ersaperen und nicht zusätzlich Wasser auf die Mühle der Vorurteile von Mitmenschen zu gießen, denen sich die intrakulturellen deutschen Nuancen ohnehin entzogen, obgleich viele ein auch in anderen Kulturen vorhandenes wirtschaftsgeographisch-kulturelles Nord-Südbewusstsein hatten. Was sollten diese unausgegorenen, neoglobalistischen Idiosynkrasien beispielsweise auch im Umfeld tausendjähriger Tempel des menschlichen Geistes, wie der Sorbonne, wo Ignatius von Loyola, Thomas von Aquin, Albertus Magnus und zahllose universalistisch orientierte Geistesgrößen wirkten. Alle Partikularismen konnten im heiligen Feuer des menschlichen Geistes von ihrem Unrat geläutert werden, sodass nur der reine menschliche Geist herausdestilliert wurde. Und das war über Jahrhunderte die das geistige Fundament der Zivilisation, das nun wieder durch moderne historisch-kulturelle Partikularismen reversibel gemacht werden sollte?

Indes, die evasive Haltung inbezug auf meine eigene Kultur entsprach umstandsbedingt auch mehr und mehr der Wahrheit, nachdem ich in einem halben Dutzend Weltmetropolen hin- und her umgezogen war. Ich pendelte regelrecht zwischen den maßgeblichen europäischen Hauptstädten und hatte als Deutscher eine singuläre transnationale Identität entwickelt mit der ich mich elegant und reibungslos auf dem internationalen Parkett hin- und herbewegen konnte, ohne dass irgendjemand meine deutsche Identität auf Anhieb erkannt hätte. In den -Teens und Twens- des Lebensfrühlings ist man, gleich einem jungen Trieb, geschmeidig und leicht pfropfungsfähig, da man vermittels eines ausgeprägten Kommunikationssinns fremde Sprachen und Kulturen problemlos und relativ kurzfristig assimilieren kann. Die Kommunikationsfähigkeit, Freude und Willen, die Liebe zu den Menschen und das Interesse sie in ihrem fremdkulturellen Umfeld kennenzulernen sind der Schlüssel für einen erfolgreichen Integrationsprozess, bei dem man irgendwann nicht mehr das Bewusstsein hat mit nicht eigenkulturellen Kulturmitgliedern zu kommunizieren, da die anderen Kulturen, selbst wenn es viele sind, nicht mehr als Fremdkulturen wahrgenommen werden. Man ist in einer Transkulturalität aufgegangen, in der man sich ebenso zuhause fühlt, wie man sich in einem monokulturellen Heimatumfeld zuhause fühlt. Doch man ist sich der kultuellen Diversität der Fremden voll bewusst, doch sie birgt kein Konfliktpotential, insbesondere wenn das Fremde auch für die Fremden die Regel ist. Mit anderen Worten, man lernt, in einem multikulturellen Umfeld genauso natürlich zu leben, wie man es zuhause gewohnt war. Man bewegt sich geschmeidig, wie der Fisch im Wasser, ohne sich bei der Nationalität aufzuhalten und sich durch sie über Gebühr bestimmen zu lassen, da man mehr gemeinsame als trennende Interessen hat, die einen solidarisierenden Impact haben.

Die nationalen Ecken und Kanten werden somit, zumindest nach außen abgeschliffen, aber innen bleibt man essentiell das, was man ist. Ja, der Prototyp und Urtyp der eigenen kulturellen Persönlichkeit bekommt noch profiliertere Konturen, da die Multikulturalität zwar nach außen Konzessionen macht, während die multikulturellen Reibungsflächen aber einen kulturellen Divergenzprozess auslösen, der die Diversität in einem helleren Licht in Erscheinung treten lässt, statt sie anzugleichen und einen kulturellen Konvergenz und Vereinheitlichungsprozess auszulösen. Aber diese Divergenz kann durch einen sich in der multikulturellen Biographie eines Menschen herausbildenden Geist der transkulturellen Natürlichkeit immer geschmeidiger überbrückt werden, sodass die Diversität natürlich erscheint und keinen Stein des Anstoßes verkörpert. In intellektuelleren Umfeldern besteht dabei eine gewisse Ambivalenz, da sie sowohl Kulturen überbrückender, als auch manchmal kulturelle Barrieren errichtend und Verwerfungslinien aktivierend sein können. Letzteres geschieht, weil ein gewisses historischen Wissen, insbesondere zum Beispiel inbezug auf unser Land, als negativer Filter in der fremdkulturellen Wahrnehmung deutscher Kulturmitgliedern und dies überraschenderweise bei Gebildeten und sogar Kulturexperten ebenso, wie bei weniger wissenskonditionierten Menschen der Fall sein kann. Fremdstereotypen resultieren daraus, mit denen man dann umgehen muss. Und bisweilen kann es besser sein, denen in irgendeiner Form auszuweichen, da man sie nicht kurzfristig, es sei denn durch überzeugende konträre Verhaltensevidenz, verändern kann.

Der sich allmählich herauskristallisierenden Mindset eines Weltenwanderers erzeugt eine enorme Bewandertheit des Menschen - der deutsche Begriff „bewandert" deutet auf das Lernpotential hin, das im Weltbewandern und Erforschen schlummert - , weil die enge ethnozentrische Fokalisierung des nationalkulturellen Bewusstseins in einen weiteren Raum des geistigen Wahrnehmungs- und Erkenntnishorizonts eingebettet wird. Würde diese Öffnung und Expandierung nicht stattfinden, so würde man den weiteren multikulturellen Raum einer Weltmetropole als schmerzverursachend verwirrend erleben, da er das enge ethnozentrische Bewusstsein überstrapazieren würde. Die Bibel und Konvergenz der zeitlichen und der ewigen Wahrheit und Heimat fasst es in folgende Weisheit:

Sir 34,9	Wer viel gereist ist, hat reiches Wissen / und der Erfahrene redet verständig.
Sir 34,10	Wer nichts erfahren hat, weiß wenig, /
Sir 34,11	der Vielgereiste nimmt zu an Klugheit.
Sir 34,12	Vieles habe ich auf meinen Reisen gesehen, / viele Dinge habe ich durchgestanden.
Sir 34,13	Oft musste ich Todesgefahren bestehen, / aber ich wurde gerettet und sie gingen vorüber.
Sir 34,14	Der Geist der Gottesfürchtigen wird leben; /
Sir	denn ihr Hoffen ist auf ihren Retter gerichtet.

34,15	
<u>Sir</u>	Wer den Herrn fürchtet, verzagt nicht / und hat keine Angst, denn der
<u>34,16</u>	Herr ist seine Hoffnung.
<u>Sir</u> <u>34,17</u>	Wohl dem, der den Herrn fürchtet. /
<u>Sir</u> <u>34,18</u>	Auf wen vertraut er und wer ist seine Stütze?
<u>Sir</u> <u>34,19</u>	Die Augen des Herrn ruhen auf denen, die ihn lieben; / er ist ein starker Schild, eine mächtige Stütze, / Schutz vor dem Glutwind, / Schatten in der Mittagshitze, / Halt vor dem Straucheln, Hilfe vor dem Fall,
<u>Sir</u> <u>34,20</u>	Freude für das Herz, Licht für die Augen, / Heilung, Leben und Segen.

.

Quelle: Die Bibel **Das Buch Jesus Sirach, Kapitel 33, Universität Innsbruck**

;

Um dem durch mono-multikulturelle Inkongruenz bedingten Schmerz der multikulturellen Überforderung zu entgehen, lernt das Bewusstsein, auf seine tieferen und weiteren Ressourcen zurückzugreifen und sich dynamisch anzupassen und zu expandieren. Dabei wird das nationale Bewusstsein eine, wenn auch zentrale Koordinate, unter anderen. Es hat keine Hegemonialstellung mehr und wird Primus inter Pares. Doch in den tieferen Schichten wird es vielleicht, wenn auch zeitweilig in den Hintergrund des Bewusstseins zurückgedrängt, vielleicht noch stärker, da es ja die kulturell geprägte Integrität der Persönlichkeit im fremdkulturellen Umfeld aufrechterhalten muss. Denn es ist verwoben mit der gesamten menschlichen DNA, der geistig, seelisch, körperlichen, sodass der Mensch eigentlich keine Heimat hat, sondern diese voll und ganz inkarniert und selbst ist. Veräußert der Mensch also seine Heimatkultur, so kann damit sein geistig-körperliches Gebäude mit seinen normalen Strukturen und Funktion zum Einsturz gebracht werden. Er wird regelrecht korrumpiert, wenn er diesem Prozess nicht beizeiten seine Heimatkultur stützende Elemente hinzufügt, indem er die Heimatkoordinaten aus seinem Unterbewusstsein reaktiviert oder sich in einen Heimatkultur vermittelnden und wiederaufbauenden Kontext, sei es physisch, geistig oder virtuell, begibt. Dies habe ich auf einem brasilianischen Spruch basierend folgendermaßen formuliert:

Wir **haben** keine Heimat,

Sondern wir **sind** Heimat.

Was wir haben, können wir verlieren;

Was wir sind, bleibt uns immer.

Daher begleitet uns die Heimat

Auf dem gesamten Lebensweg

Und verlässt uns niemals,

Selbst wenn wir sie verlassen.

Ich habe mich sowohl in Madrid, als auch Paris, wie auch in London bis zu einem kritischen Punkt meiner eigenkulturellen Selbstaufgabe bewegt um in der fremden Kultur und Sprache gute Leistungen zu erzielen. Es ist ein Gang auf Messers Schneide, bei dem man leicht abstürzen kann. Die eigen- und fremdkulturellen Aspekte der sich herausbildenden transkulturellen oder multikulturellen Persönlichkeit müssen stets ausbalancieret werden, damit der Weg gerade und der Gang aufrecht bleibt. Und man muss dies in der Regel alles selbst, ohne die Unterstützung durch das autochthone nationalkulturelle Umfeld mit seiner tragenden, kulturspezifischen Strukturbestätigung leisten. Eigenkulturelle Freunde oder kulturelle Alliierte können dabei helfen. Ebenso kann die virtuelle und Echtzeit und lebensechte virtuelle Kommunikation im globalen Medienzeitalter dabei helfen. Vieles ist leichter, zu leicht geworden und der Charme des Pioniers und Globetrotters und somit der Bewandertheitseffekt ist gewichen. Aber dennoch kann man festhalten, dass eine Konjunktion von Umständen, wie zum Beispiel hoher Leistungsdruck, der Zwang, sich außerhalb seiner kulturell angestammten heimisch-vertrauten Komfort- und Behaglichkeitszonen bewegen zu müssen und gewisse Herausforderungen des psychophysischen Terrains auf fremdkulturellem Territorium (z.B. ungewohnte Nahrung, Drogen, Sex, Promiskuität, weltanschaulich-religiöse Faktoren, ethnozentrische, kulturell diverse Menschen, die Stress verursachen, Mangel an menschlicher Integrität und Negativität, die die Energie korrumpieren und erlahmen lassen… falsche Freunde und Beziehungen, Experimente, riskante Dinge) können zu einer Schwelle führen, an der der Mensch psychophysisch abstürzt, weil seine ihn tragenden kulturellen Wellen nicht mehr vorhanden und wirksam sind und ihn im Meer und Magma einer kulturellen Anonymität dahintreiben lassen und er seine angestammte geistig-körperliche Souveränität einbüßt. Dann braucht er Hilfe, denn er erfährt einen Schmerz der Ohnmacht und Schwäche, in der er dahintreibt und driftet, bis sich sein Wesen wieder regeneriert hat und er wieder Herr seines Herzen, seiner Seele und seines Körpers geworden ist. Hier sind verständnisvolle Menschen gefragt, möglichst, aber nicht nur, eigenkulturelle und solche, die diese Schwäche nicht ausnutzen, um die Phase des nicht voll und ganz über sich verfügen Könnens und des damit einhergehen namenlosen latenten bis konkreten psychosomatischen Schmerzes zu überwinden.

Der Mangel an Bewusstheit darüber, inwieweit es sich dabei um eine persönliche oder eine kulturelle Malaise oder eine Kombination aus beiden handelt, erschwert die Selbst- und Fremddiagnose und damit eine gezielte therapeutische Maßnahme. Ein Rückzug aus dem belastenden fremdkulturellen Umfeld mag dann instinktiv als eine Lösung erscheinen, wenn man eine weitere vertrautere Basis, die als regenerierender Heimathafen fungieren kann, hat, wo man aufbauenden menschlichen Support durch Menschen erhalten kann, deren Kenntnis der originären persönlichen kulturellen Programme diese wieder reaktivieren kann.

Und wenn man sich gänzlich von seiner Heimat abgenabelt hat, dann muss man den Weg eben allein gehen und eine fremde Heimat adoptieren, die einem wieder zur tragenden Welle wird. Das ist möglich, da ja alle Menschen an einem Grundstorm des Lebens teilhaben. Die Frage ist nur, wie er kulturell ausgeformt ist. Und die eigen- oder fremdkulturelle Option hat dann eben auch die entsprechend modifizierenden Konsequenzen inbezug auf die Selbstkonstruktion, geistig, wie körperlich. Man bedenke, dass unsere geistig-körperlichen Schemata durch unsere kulturelle und persönliche DNA determiniert sind. Wie und wieviel davon kann ich in welchem kulturellen Kontext realisieren? Diese Frage ist dann noch offen. In einem Land wird man eine, in einem anderen Land eine andere Ausgestaltung seiner DNA erfahren und somit unter dem persönlichen Optimum bleiben oder auch besser abschneiden. In Paris werde ich vielleicht die einen Aspekte meiner kulturellen DNA besser zur Entwicklung und zum Ausdruck bringen können als in Deutschland, andere dagegen werden dort eventuell deoptimiert werden, weil die französische Kultur sie nicht unterstützt. Viele Künstler und Literaten haben eine fremdkulturelle Optimierung ihres Potentials erfahren. Gerade in Frankreich haben nicht wenige Immigranten höchsten Ruhm erlangt, nicht zuletzt deshalb, weil es eine historische Zufluchtskultur ist. Ob Präsidentschaftsanwärter oder Präsident (Y. Montand, N. Sarkozy) oder Prix Goncourt (der renommierteste nationale Literaturpreis), Ziele, die höchste sprachlich-kulturelle Virtuosität erfordern, alles ist da in Reichweite des Immigranten, nicht zuletzt auch Exzellenz im ureigenen prioritären, französischen Kulturbereich, wie der Haute Couture, wie man am Beispiel K. Lagerfelds erkennen kann. Hier zählt nicht Provenienz, sondern Exzellenz.

Und wenn man nach Stationen des Kreuzwegs des Weltmetropolen Globetrottens sein eigenkulturelles Kapital in der Fremde verprasst hat, indem man sich zu sehr aus dem heimatkulturellen Fenster herausgelehnt hat, weil man auch die Myriaden fremdkultureller Slots des kosmischen Computers mit seiner menschlichen Seite der Schöpfung kennen lernen wollte, dann geht es einem, wie dem biblischen verlorenen Sohn, der in das Vaterhaus zurückkehren will, um sich von seinem krummen und gerade Wegen zu erlösen. Und dort wird man in der Regel stets wieder aufgenommen, wenn auch eventuell mit Abstrichen des fremdkulturellen Acquis, weil die Heimatkultur nun vielleicht analog zur fremdkulturellen Nichtunterstützung der Eigenkultur, nun das Fremderworbene, wenn auch persönlich optimierend, nicht unterstützt. Es ist ein Preis der Wanderschaft, wenn die Heimatkultur ethnozentrisch und parochial ist, das heißt, nur sich selbst als kulturellen Maßstab akzeptiert. Und dies erzeugt wiederum kulturellen Verlustschmerz, da man nun vielleicht längst natürlich integrierte, erworbene fremdkulturelle Patterns, gleich einer Schlang abhäuten muss. Und wie beim *Mensch Ärgere Dich Nicht*, heißt es nun zurück Richtung Ausgangspunkt. Daher könnte man es als ein kulturelles Wellenspiel betrachten, indem nun die heimatkulturellen Wellen wieder bestimmend sein wollen und aufgrund der Unsicherheitsvermeidungserfordernis vielleicht auch sollen, da man seine eigene Evolution durch die Wanderschaft nur behutsam in den ausgangskulturellen Kontext einbringen kann.

Das Überschreiten von Kulturgrenzen führt jeweils zu einer neuen kulturellen Gewinn und Verlust Rechnung. Und der Verlust erzeugt immer ein Unbehagen, Verzicht und einen gewissen Verlustschmerz, der aber auch durch Wiedergewinn mehr oder weniger ausgeglichen werden kann. Eine Welle erhebt sich, die andere verflacht. Man muss ein guter kultureller Wellenreiter werden, um das Meer des Kulturellen zu beherrschen und nicht darin unterzugehen. Daher ist es nicht überraschend, dass viele Manager bei ihren Auslandsentsendungen, große Kosten verursachend, scheitern. Vor der kulturellen Herausforderung sind alle gleich. Einige sind nur durch kulturelle Bewusstheit und Kompetenz besser gerüstet und verfügen über bessere Ressourcen und Netzwerke, die sie auf den fremdkulturellen Wellen mittragen, während andere abdriften und auf Riffe auflaufen, was Firmen und Privatleuten gleichermaßen Verlustschmerz verursachen kann.

Das biblische Gleichnis vom verlorenen Sohn ist nicht nur eine literarische Anekdote, sondern verkörpert einen zeitlosen Archetyp und Prinzip, dessen Nichthonorierung seitens des die Heimat repräsentierenden Vaters ein Tabubruch mit Konsequenzen wäre. Der Mensch hat die Relevanz der Heimatproblematik und ihrer Bedeutung im menschlichen Leben sehr tief in seinem Wesen eingebrannt. So kommt es, dass ein afrikanisches Sprichwort sagt, dass man immer wieder zu seiner Ausgangskultur zurückkehrt, die man, so kann man hinzufügen, nun mit weltweiseren Augen wahrnimmt. Man bleibt immer, auch wenn man nicht physisch zurückkehren sollte, ein Kind seiner Kultur, auch wenn man viele Spiralwindungen kultureller Entwicklung durchlaufen hat, denn die Spirale würde zerbröseln und ihre vitale Spannung einbüßen und das Leben erlahmen lassen, wenn sie aus ihres Fundaments beraubt würde und gleich einem entwurzelten Baum verdorren.

Ursächlich für Heimatschmerz kann eine tiefvergrabene Altlast sein, die irgendwann ins Bewusstsein emporgehoben wird, wenn der Mensch Extremsituationen ausgesetzt ist, mit denen er fertig werden muss. Dann muss der Mensch seine gesamte DNA mobilisieren. Und wenn sie zu tief begraben wurde, dann empfindet er den Scherz des nicht Zugreifen-Könnens darauf. Und diese Diskrepanz zwischen dem kulturellen Soll und Ist-Zustand deoptimiert sein kulturelles DNA Potential, das er nun zur Beherrschung einer geistigen oder körperlichen Notlage einsetzen muss. Er ahnt z. B, dass er seine Soll DNA nicht mobilisieren kann, da diese Programme nicht gepflegt oder aufgrund fremdkultureller oder persönlicher Agenden unterdrückt oder in ihrem Ausdruck behindert wurden. Und diese Unmöglichkeit des Zugriffs auf die die ureigene kulturelle DNA bedingenden Programme zwingen ihn in eine Warteschleife für den Zugriff, da der Körper zwar eine große Plastizität besitzt, aber doch nicht so schnell in den Hintergrund verschobene kulturelle und prägende Programme aktivieren kann. Und solange die

Diskrepanz zwischen Soll und Ist währt empfindet er eine Alienierung seines Körperschemas, das auch ein psychoenergetisches Pendant hat und als Trennungsschmerz von der eigenen Natur erfahren wird.

Jede Form des Heimatschmerzes ist bedingt durch den Verlust der Einheit mit der Heimat, auch wenn man die Heimat als ein dynamisches, entwicklungsfähiges Phänomen betrachtet. Dann kann die erworbene Heimat zum heimatlichen Referenzkriterium werden. Die Heimat ist die Wahrheit des Menschen. Sie reflektiert seinen wahren, wenn auch situativ verborgenen Ist-Zustand: Identität, Ganzheit, strukturell-funktionelle Integrität, die wir vereinfachend, in Einklang mit einer biowissenschaftlichen Metapher als gesamtmenschliche kulturelle DNA annäherungsweise subsumieren möchten.

Doch das Leben wird, vergleichbar mit einem Baum, der sein Wurzelwerk ebenso, wie Sonne und die damit einhergehenden photochemischen Prozesse braucht, sowohl von den zeitlichen, heimatkulturellen Wurzeln, als auch von der überzeitlichen Destination seiner Heimat her gespeist. Beide müssen in einem dynamischen Gleichgewicht gehalten werden, damit sich der Mensch harmonisch in dieser Welt, gleich ob im Inland oder im Ausland, auf allen Straßen des Lebens bewegen kann. Entwurzlungen von der Ausgangsheimat oder von der teleologisch angelegten Zielheimat her erzeugen Asymmetrien und Unausgewogenheit in seinem Leben. Die als Nostalgie anmutende Rückwärtswendung und der nostalgiefreie Blick nach vorne sind gleichermaßen erforderlich, um weder im Netz der Zeitlichkeit gefangen zu bleiben, noch um dieses Leben verachtend und abgehoben in das Jenseits katapultiert zu werden, während man dieses Leben nicht nutzt, um sich im Spannungsfeld der diesseitigen und der jenseitigen Heimat fortzuentwickeln. Die horizontale Heimatfrage, die sich mit den menschlichen interkulturellen Schnittstellen und Übergängen befasst und der vertikale Heimatbegriff von Alpha bis Omega, der den zeitlichen Heimatbegriff transzendiert, müssen vom Menschen in Einklang gebracht werden und zwar ebenso auf individueller, wie auch auf kollektiver menschlicher Ebene der Völler und Nationen. Nur dann kann der Mensch von dem durch den vertikalen Heimatbegriff verursachten Schmerz erlösten werden.

Die beiden Achsen der Heimat, die zeitlich horizontale und die überzeitlich vertikale ergeben in ihren Schnittpunkt die Quintessenz der Heimat des Menschen, die sowohl diesseits als auch jenseits angesiedelt ist. Ist eine Achse dieses Achsenkreuzes des immanent-transzendenten Heimatverständnisses in Unordnung, so entstehen verschiedene Grade der Trennung von der einen oder der anderen Heimat. Infolge der Korrumpierung der Achsen kann sich der Mensch dann nicht mehr angemessen orten. Er wird entwurzelt. Das Kreuz ist das Sinnbild, das beide Achsen und deren erlösende Integration symbolisiert. Es ist das zweitausendjährige Symbol unserer Zivilisation. Auch sie, ebenso wie ihre kulturell diversen Mitgliedskulturen können sich nur angemessen orten und verwurzelt bleiben und in der Zukunft Bestand haben, wenn sie von ihrer quintessentiellen Mitte, dem Fokalpunkt des Kreuzes her leben. Diese Mitte ist Christus und weist auf eine christozentriche Zivilisation hin, ohne die viel Leid in der Welt verursacht wird, weil ihr die solidarische Liebe des menschlichen Miteinanders entzogen wird. Intra- und interkulturelle Konflikte werden dann zur Regel und der Mensch findet keine Ruhe. Die Trennung von dieser immanenten-transzendenten Heimat erzeugt das Leid der Menschheit ohne Mitmenschlichkeit schlechthin. Die Korrumpierung der Heimat im weltlichen und im transzendenten Sinn erzeugt also Leid. Trennung, Verlust der Einheit und Unterminierung des Lebens sind die Stationen, die es letztendlich mit sich bringt. Das ganzheitliche Heimatverständnis ist somit ein Schlüssel für die Befreiung von menschlichem Leid.

Der Leser, der versucht hat, meine biographischen, nicht frei erfundenen Extrapolationen, nachzuvollziehen und sie mit seiner eigenen Erfahrung zu korrelieren, wird inzwischen sicher erkannt haben, dass die Heimatfrage weit über fadenscheinige, wenn auch nachvollziehbare, unabdingbar menschliche

Heimatromantik und Nostalgie hinausgeht und den Kern des Lebens, seinen Sinn und Zweck anspricht.

Während die Heimatnostalgie erforderlich ist, um das fleischlich-geistige menschliche Wesen im Ozean der Zeit mit seinen vielfältigen kulturellen Wellen und Gezeiten auf Kurs zu halten, ist es manchmal geradezu erforderlich, sich über die Rückwärtswendung hinaus, dem eigentlichen Ziel zuzuwenden und dieses hochfokussiert anzupeilen, wenn man sich nicht im Meer des Zeitlichen verirren will. Eine Abnabelung von der zeitlichen Heimat und dem Kulturellen ist im Rahmen des menschlich vertretbaren und verträglichen erforderlich, um die notwendigen Schritte zur Erreichung des rechten Heimathafens zu machen. Es handelt sich um den transzendenten Heimathafen, in dem der zeitlich immanente selbst seine letztendliche Heimat findet, denn diese irdische Heimat war bereits, trotz aller sentimentalen Konnotationen, denen wir als zeit-räumlich relative Wesen verständlicherweise große Bedeutung beimessen, eine Art der Verbannung aus der man nur durch die innere Kompassausrichtung auf den einen, wahren Heimathafen entrinnen kann. Tut der Mensch das nicht, sondern löst er sich im Gegenteil durch eine einseitige Verweltlichung seines Wesens von der ersten und letzten und einzigen wahren Heimatdestination, das heißt in der Sprache des Stellvertreters dieser Heimat in der zeitlichen, nämlich der des Papstes Franziskus, von der Zweiten Person Gottes, i.e. Jesus Christus, los, der dieser eine wahre Heimathafen ist, so entstehen die dadurch bedingten menschlichen Probleme des Zeitlich-Relativen, die erst wieder durch ihre Wiedereinbettung in das Absolute lösbar sind. Doch bei der Zielidentifikation können sich bereits viele Fehler einschleichen. Es gibt viele Häfen, die das Meer der Zeit säumen, viele Riffe und Fatamorganas auf der endlosen Wüstenhaftigkeit des Ozeans der menschlichen Existenz.

Ein Großteil menschlicher Kämpfe resultieren aus falschen Hafenanbindungen und Heimatvorstellungen, die wir als kulturelle und weltanschliche Kämpfe erfahren und die die Regel im Meer des zeitlich-relativen Menschlichen sind und die den

Menschen keinen Frieden finden lassen, weil die eigentliche geistig-seelisch-körperliche Heimat nicht recht verstanden wurde, was zu Irrwegen und Irrlehren und den Kultur- und Religionskriegen in und zwischen diesen führt. Sie scheinen solange irreversibel, bis die Zieldefinition des einen wahren Hafens geklärt ist. Nur in ihm können die menschlichen Kämpfe erlöst werden. Seine eine Wahrheit ist frienstiftend und befreiend davon.

Laut Papst Franzskus scheint sogar die allgemeine gnostische Definition des Heimathafens als Gott nicht zu genügen. Nein, er sagt explizit, dass die zweite Person Gottes der einzig richtige Hafen ist. Das Sich-Hineinbegeben in die Wunden Christi, jene fünf Wunden sind die Zeichen und Wegweiser der Erlösung und des Heils, die den Menschen aus der Verbannung in die zeitliche Heimat erlösen und ihn ihr einreißen, um ihn sicher in die eine wahre Heimat zu geleiten. Man könnte daher sagen, dass die fünf Wunden Christi zusammen mit dem transzendenten-immanenten Peilsystem des Kreuzes die einzigen verbindlichen Wegweiser in den richtigen Hafen der wahren Heimat sind. Und in den Armen, Ausgestoßenen und Gefangenen auf den Straßen kann man diesem Christus sogar begegnen.

Weil der Mensch seine Heimatfrage nicht gelöst hat macht er andere in der Gestalt von Kultur- und Religionskriegen ihre Heimat streitig. Eine relative Heimatdefinition kann, auch wenn sie noch so intellektuell substantiiert wird, kein Maßstab für eine andere relative Heimatvorstellung sein. Allein die wahre Heimat aller Menschen dieser Welt kann die überhandnehmenden Kulturkämpfe der relativen kulturellen Heimaten unserer Zeit befrieden. Daher ist die Frage der Heimat und ihrer wahrhaftigen Lösung und Erlösung in Christus die einzige Hoffnung auf Errettung des Menschen mit irreversibler Gültigkeit. Heimat als Romantik, Schmerz und Erlösung des Menschen entsprechen verschiedenen Ebenen des Heimatbewusstseins-

Spruchweisheiten von der Heimat, vom Reisen und von der Ankunft

Vaterland und Muttersprache

Muttersprache

Bezieht sich auf den Erstsprachenerwerb. Laut B. Whorf bedingt die Sprache die mentalen Prozesse. Das trifft insbesondere auf die Muttersprache zu. Der französische Philosoph F. Merleau-Ponty sagte: „Ich mag viele Sprachen sprechen, aber in einer lebe ich". Deshalb kann man mehrere Ebenen der Internalisierung einer Sprache unterscheiden: das Sprechen und Verstehen einer Sprache als Resultat verschiedener Lernstufen, die Fähigkeit, in den Mustern und mit den Ressourcen der Sprache zu denken und zu fühlen und schließlich das gänzliche Leben und Aufgehen in der Sprache, in die man hineingeboren wurde.

Vaterland

Patria

Lateinisch für Vaterland oder Heimat, fatherland oder mother country (Engl.), patrie (Fr.), patria (Sp.).

Was du ererbt von deinen Vätern hast,

erwirb es um es zu besitzen.

(J. W. Goethe)

Deutscher Name, der Du littest schwer

Wieder glänzt um dich Dich die alte Ehr,

Wächst um den verschlungnen Doppelast,

Dessen Schatten sucht gar mancher Gast

(Aus der „Alten Linde Sang von der kommenden Zeit")

Sir 34,9	Wer viel gereist ist, hat reiches Wissen / und der Erfahrene redet verständig.
Sir 34,10	Wer nichts erfahren hat, weiß wenig, /
Sir 34,11	der Vielgereiste nimmt zu an Klugheit.
Sir 34,12	Vieles habe ich auf meinen Reisen gesehen, / viele Dinge habe ich durchgestanden.
Sir 34,13	Oft musste ich Todesgefahren bestehen, / aber ich wurde gerettet und sie gingen vorüber.
Sir 34,14	Der Geist der Gottesfürchtigen wird leben; /
Sir 34,15	denn ihr Hoffen ist auf ihren Retter gerichtet.
Sir 34,16	Wer den Herrn fürchtet, verzagt nicht / und hat keine Angst, denn der Herr ist seine Hoffnung.
Sir 34,17	Wohl dem, der den Herrn fürchtet. /
Sir 34,18	Auf wen vertraut er und wer ist seine Stütze?
Sir	Die Augen des Herrn ruhen auf denen, die ihn lieben; / er ist ein

<u>34,19</u>	starker Schild, eine mächtige Stütze, / Schutz vor dem Glutwind, / Schatten in der Mittagshitze, / Halt vor dem Straucheln, Hilfe vor dem Fall,
<u>Sir</u> <u>34,20</u>	Freude für das Herz, Licht für die Augen, / Heilung, Leben und Segen.

.

Quelle: Die Bibel **Das Buch Jesus Sirach, Kapitel 33, Universität Innsbruck**

;

Wir **haben** keine Heimat,

Sondern wir **sind** Heimat.

Was wir haben, können wir verlieren;

Was wir sind, bleibt uns immer.

Daher begleitet uns die Heimat

Auf dem gesamten Lebensweg

Und verlässt uns niemals,

Selbst wenn wir sie verlassen.

Der Mensch findet keine Ruhe, bis er ruht in Gott.